EXTRAIT DES ANNALES DU MUSÉE GUIMET
TOME X

LA
QUESTION DES ASPIRÉES
EN SANSKRIT ET EN GREC

PAR

PAUL REGNAUD
CHARGÉ DE COURS A LA FACULTÉ DES LETTRES DE LYON

LYON
IMPRIMERIE PITRAT AINÉ
4, RUE GENTIL, 4
1885

LA

QUESTION DES ASPIRÉES

EN SANSKRIT ET EN GREC

EXTRAIT DES ANNALES DU MUSÉE GUIMET
TOME X

LA
QUESTION DES ASPIRÉES

EN SANSKRIT ET EN GREC

PAR

PAUL REGNAUD

CHARGÉ DE COURS A LA FACULTÉ DES LETTRES DE LYON

LYON

IMPRIMERIE PITRAT AINÉ

4, RUE GENTIL, 4

1885

LA QUESTION DES ASPIRÉES

EN SANSKRIT ET EN GREC

Une des plus fâcheuses conséquences de l'empirisme est l'adoption à titre d'explication vraie de celle qu'on déduit d'abord des faits, sans souci de l'existence possible d'une loi supérieure et des directions qu'elle impose. L'empirique confond nécessairement le spécieux avec le vrai et, si par malheur, ce qui arrive souvent, l'un diffère de l'autre, le vrai est fatalement sacrifié au spécieux ; il y a plus, le spécieux, pris à tort pour le vrai, s'érige ainsi en obstacle presque invincible à la découverte de la vraie vérité, devant laquelle s'interpose la fausse image qu'on a prise pour elle.

Le seul moyen en ce cas de faire cesser l'illusion et d'arriver à voir, pour se servir d'une comparaison habituelle aux philosophes de l'Inde, que la corde n'est pas un serpent, c'est de remonter aux principes et de montrer qu'ils sont en contradiction avec la prétendue vérité qui tient la réelle en échec.

Nulle part cette lutte contre la sophistique empirique n'est plus souvent nécessaire qu'en matière de phonétique, car, nulle part peut-être on n'a continué davantage de rester, envers et malgré tout, exclusivement livré aux données expérimentales, comme si la science des sons ne reposait pas sur une loi générale ou qu'il fallût à jamais s'interdire d'en poser une, au moins à titre d'hypothèse provisoire.

Deux exemples frappants des suites qu'entraîne la dangereuse méthode que je viens d'indiquer, sont la prétendue loi de dissimilation des consonnes dentales contiguës, et l'explication généralement adoptée à la suite de Grassmann de l'origine des aspirées du grec.

En ce qui regarde le premier point, je renverrai à ce que j'en ai dit dans mon travail sur l'*Ancienne forme des verbes primitifs grecs dont la racine est terminée par une voyelle* [1].

Quant à la seconde question, j'essaierai d'en faire ici l'objet d'une étude succincte.

Je rappellerai d'abord les termes généraux de la théorie toute empirique de Grassmann. Les aspirées fortes du grec χ, θ, φ, correspondant dans un assez grand nombre d'exemples aux aspirées douces du sanskrit *gh*, *dh* et *th*, le savant susnommé en a conclu que les aspirées grecques étaient d'anciennes douces devenues fortes durant l'existence indépendante du grec [2]. Nul souci d'ailleurs d'indiquer les causes de cette transformation, ni de rendre compte de l'étrange dérogation aux lois générales de l'adoucissement graduel des sons qui en résultait. Après tout, n'était-ce pas un fait ? Personne, du reste, ne songea à protester, et à l'heure qu'il est, la théorie de Grassmann est un dogme auquel il semblerait, pour ainsi dire, sacrilège de vouloir toucher [3].

Il y a pourtant entre la superstition et le scepticisme un milieu, qui s'appelle la critique scientifique et dont fort heureusement les droits ne sont jamais prescrits. C'est d'elle que je m'autoriserai dans la discussion audacieuse, si l'on veut, mais enfin licite et raisonnable, je pense, que je vais entreprendre.

Je me placerai tout d'abord à un point de vue diamétralement opposé à celui de Grassmann. Il affirmait, contrairement aux principes, que les ancien-

---

[1] Dans mes *Mélanges de Linguistique indo-européenne*. Paris, 1885, Vieweg, éditeur.

[2] Il en résulte que $\tau\acute{\iota}\theta\eta\mu\iota$ serait pour un plus ancien *$\delta\iota$-dh$\eta\mu\iota$. Mais alors comment expliquer le changement de δ en τ? Les consonnes simples auraient donc suivi en pareils cas la même loi que les aspirées.

[3] Je constaterai à ce propos l'insuffisance de la méthode purement *comparative*. Grassmann n'a tranché la question qu'en s'appuyant implicitement sur la méthode *historique*, c'est-à-dire en supposant l'antériorité des aspirées douces du sanskrit eu égard aux aspirées grecques correspondantes. Il est vrai que souvent comme ici la question de chronologie repose sur une hypothèse; mais la logique interdit alors toute conjecture contraire aux principes qui se dégagent de l'ensemble des faits représentant le mouvement général du langage.

nes aspirées du grec s'étaient changées en fortes ; je supposerai, conformément à la généralité des faits observés, que les aspirées douces actuelles du sanskrit sont, au moins dans les exemples où elles correspondent aux aspirées grecques, d'anciennes fortes adoucies. C'est un phénomène qui s'est produit souvent quand ces aspirées étaient précédées d'un *s* qui est tombé et qui les a livrées ainsi à la tendance, à l'adoucissement, dont le voisinage de la sifflante les préservait tant que celle-ci s'est maintenue.

Un exemple bien remarquable du même phénomène à l'égard, il est vrai, de consonnes non aspirées, se voit dans le rapport de γράφω, γλύφω avec *scalpo, sculpo* [1], et dans l'obstacle apporté à la loi de substitution des consonnes, dans les dialectes germaniques, par la conservation de l'initiale *s* devant *k, t* et *p*.

Très souvent aussi les aspirées fortes ou douces sont purement et simplement descendues aux non aspirées correspondantes.

De là deux ordres de faits sur lesquels je m'appuyerai simultanément, au moyen des exemples qui vont suivre, pour fournir la démonstration annoncée.

I

Exemples dans lesquels une aspirée douce du sk. correspond d'une manière à peu près certaine, soit à une forte aspirée ou simple en sk. ou en zend, soit à une forte simple en grec ou en latin, soit à une forte aspirée ou simple précédée d'un *s* dans l'un quelconque des idiomes de la famille indo-européenne.

Rac. *amgh*, serrer, dans *amhas, amhu, agha*, etc. ; cf. rac. *amk*, même sens, dans *amka* [2], agrafe, ἀγκών coude, jointure, ce qui enveloppe, ce qui serre, ce qui attache ; même explication pour, ἄγκυρα, ancre, ἀγκάλη bras, ἀγκάς, dans les bras, ἀγκάζομαι, embrasser, etc.

Adha ; cf. sk. *atha*, même sens.

---

[1] Même rapport entre les désinences personnelles du sk. *mahe, mahi* et gr. μεσθα ; sk. *dhve* et gr. σθε, etc.

[2] Dans le sens de giron, « ce qui enveloppe, serre, étreint, »

Adhas, en dessous, ensuite ; cf. *atas*, même sens.

Adhi, sur, au-dessus ; cf. *ati*, même sens, lat. *et*.

Adhvan, chemin ; cf. rac. *at*, aller, voyager.

Andha, aveugle, racine *andh*, variante de *edh*, *indh* (voir à cette racine, ci-dessous). Sur le rapport des mots signifiant aveugle, obscur, avec les désignations de la fumée et du feu, voir *Annales du Musée Guimet*, t. VII p. 498, et, pour le cas particulier, cf. αἰθός, αἶθοψ, αἰθαλέος, noir, noirci, ἄνθραξ, charbon et lat. *ater*.

Abhi, prép., sur, vers, etc.; cf. ἐπί, même sens.

Abhra, nuage, et *ambhas*, eau ; cf. *ap*, eau, probablement pour *amp.

Ambhas, violence ; cf. rac. *âp*, prendre, obtenir, gr. ἅπτω (cf. Curt. *Grund.*, p. 510), etc.

Argha, qui vaut, qui mérite, digne de, *arh*, honorer ; cf. *arc*, dans le sens de honorer, apprécier, estimer [1].

Arbha, petit ; cf. *alpa*, même sens.

Rac. *ardh*, obtenir, réussir voir sur *vardh*, à laquelle le *Dict. de St-P.* dit cette racine apparentée ; la comparer aussi avec *artha*, objet, but, gain, ce qu'on obtient, ce qu'on acquiert.

Aha, gha, ha, hi, particules affirmatives ; cf. sk. *kam*, gr. κέν, κε, γε, (forte affaiblie en douce).

Ahas, ahan, jour ; cf. rac. *akš, ak*, briller, dans *akšan*, œil, *aktu*, lumière, etc.

Rac. *edh, indh, idh*, allumer, brûler, briller ; cf. rac. *ath* dans *atharvan*, etc., et lat. *aest-us*, etc., indiquant d'anciennes formes, *esth, *ezdh.

Rac. *ih*, désirer (zend, *iz*) ; la variante *iš*, même sens, permet de remonter à un antécédent commun *izh, *isk [2].

Rac. *ubh, umbh*, entourer, contenir, envelopper, *ubha*, les deux (rattaché à cette rac. par les auteurs du *Dict. de St.-P.*); cf. imparfait, *unap* et lat. *amplus*, avec ses dérivés. Le rapport significatif de *amplus* avec la rac. *ubh*, est le même que celui du sk. *uru*, large, avec la rac. *var*, entourer.

---

[1] Voir pour le rapport entre le sens de briller et celui d'apprécier, dans les racines indo-europ., *Revue Phil.* n° de février 1884, p. 121, seqq. passim.

[2] Voir ma brochure sur l'origine de la sifflante palatale en sk. Paris, Vieweg, éditeur.

Rac. *ûh* et *vah*, porter ; cf. thème σχο dans ἔσχον etc., ἰσχύς, ἴσχω, etc., pour *Ϝισχύς, *Ϝισχω ; *vah* est donc pour *vazh, *vask.

Kumbha, vase de terre, cruche ; cf. *kûpa*, chose creuse, et gr. κύπη (auprès de κύμβη), κύπαρος, etc., chose creuse, vase creux.

Rac. *kuh*, dans *kuhaka*, trompeur ; voir ci-dessous sur rac. *guh*.

Kṛdhu, fruste, défectueux, diminué, rapetissé ; cf. rac. *kart* (zend *kared*), couper et p. -ê lat. *curtus*.

·Rac. *kśubh*, s'agiter, trembler, être ému ; cf. rac. *kup*, même sens et zend *khshufs*. Antécédent commun *skuph.

Rac. *gabh, gambh, gadh, gâh, gah, guh*, cacher, enfoncer, etc. ; cf. βάπτω, κύτος, lat. *cust-os*, etc. et voir mon *Étude sur une famille de mots indo-européens*[1].

Rac. *gardh*, prendre, saisir ; cf. *grath*, prendre ensemble, réunir, rattacher, nouer, et voir sur *grabh*, dont *gardh* est une variante.

Rac. *grabh, grah*, prendre ; cf. κλέπω, κλέπτω, lat. *carpo*, etc.

Rac. *ghan, han*, frapper, tuer, etc. ; cf. *kśan*, même sens. Antécédent commun *skhan.

Rac. *ghar*, couler, arroser ; cf. *kśar*, même sens. Antécédent commun *skhar.

Rac. *ghar, ghars*, briller, brûler, écorcher, être ardent, etc. ; cf. *kara, kiraṇa*, rayon de lumière, zend *har*, remarquer, considérer (voir, briller;) gr. κάλλος, éclat, beauté, lat., *calor, color, clarus*, etc., goth. *skeir*.

Je rattache à ces rac. avec les auteurs du *Dict. de St-P.*, *ghaṭ* et *ghaṭṭ* pour *gharsk, avec le sens primitif do être ardent, actif, s'agiter, etc.

Rac. *ghûrṇ, hvar, hval, hru (hruṇ), hmal*, (cf. sk. et zend *hmar*), aller de travers, faire des circuits, se courber ; cf. *çṛnga*, lat. *cornu, curvus*, etc.

Rac. *jabh, jambh*, prendre avec la bouche ou la gueule, manger ; cf. zend, *gap, jap* (auprès de *jab*), ouvrir la bouche, gr. κάπτω, manger avec avidité, κάπη, mangeoire. Dans γαμφαί, mâchoires, l'initiale s'est adoucie comme en sk. Il faut probablement rattacher ici *jrambh*, ouvrir la bouche, bâiller.

Rac. *jhar*, couler, tomber, en parlant de l'eau ; cf. *kśar*, couler.

---

[1] Dans mes *Mélanges de linguistique indo-européenne*.

Rac. *tubh*, frapper ; cf. τύπτω, même sens, τύπος, etc.

Rac. *dagh*, aller, s'élancer, s'avancer ; cf. rac. *tak* (zend, *tak*), se précipiter, courir.

Rac. *dabh, dambh*, nuire, tromper, blesser ; cf. δάπτω, déchirer, et *tap*, dans le sens de brûler, causer de la douleur.

Rac. *darbh*, lier, avec le sens primitif d'envelopper, entourer ; cf. τρέπω, tourner, primitivement, embrasser, envelopper.

Rac. *dah*, brûler ; cf. *dhak*, qui brûle (à la fin d'un composé) ; *dakšu* et *dhakšu*, même sens, rac. *dhukš*, allumer.

Rac. *druh*, faire du mal, blesser ; cf. τιτρώσκω, même sens, lat. *trux*, cruel, farouche.

Rac. *dhar*, porter ; cf. τλάω, lat. *tollo, stul*, dans *su-stuli*, même sens.

Rac. *dhâ*, établir ; cf. *sthâ*, s'établir.

Dhûpa, fumée ; cf. τῦφος, même sens, — *dhûma* est peut-être pour *dhûmpa*.

Rac. *dhûrv* et *dhvar*, nuire, perdre, courber ; cf. zend *taurv*, faire du mal, sk. *turv*, soumettre, dominer.

Rac. *dhraj* et *dharj*, aller, s'avancer, s'élancer, courir ; cf. τρέχω. Ici se rattachent aussi les rac. inusitées *drâkh, drâgh*, atteindre, s'étendre et le dérivé *dîrgha*, étendu, long.

Rac. *dhvams*, secouer, répandre, briser, faire tomber ; cf. *tams*, secouer, agiter. Ici doit s'ajouter, d'après les auteurs du *Dict. de St-P.*, *dhvan*, envelopper ; cf. zend *dvân*, mettre en mouvement et *tagh*, même sens.

Rac. *dhvan*, faire du bruit ; cf. *stan*, même sens.

Rac. *nah*, lier, attacher ; cf. lat. *necto*, même sens ; *nexus, necesse*, etc.

Rac. *bandh*, sens de frapper, tuer, immoler, *bâdh*, frapper, *vadh*, tuer et peut-être *vyadh*, blesser, percer, frapper, atteindre ; cf. lat. *battuo*, battre et rac. παθ, dans πάθος et *pat*, dans *patior* ; cf. tout spécialement *bâdha*, peine, douleur, avec πάθος.

Rac. *barh*, rendre fort ; cf. lat. *farcio, fulcio*.

Rac. *barh*, crier, prier, parler ; cf. lat. *precor* et voir *Annuaire de la Faculté des Lettres* de Lyon, 1884 fasc. III.

Budhna, fond, creux ; cf. lat. *puteus*.

Rac. *budh, bundh*, penser, s'imaginer, cf. lat. *puto* et gr. πυνθάνομαι, s'apercevoir, apprendre.

Rac. *bhahš*, *bhas*, manger, dévorer, *bhat*, nourrir ; cf. lat. *pasco*, *pascor*, même sens.

Rac. *bhan*, parler, *bhan*, *bhand*, crier, célébrer ; cf. *pan*, *pan*, célébrer, honorer, pousser des cris de joie.

Rac. *bhid*, briser, fendre ; cf. *pid*, broyer, presser ; gr. πιέζω, même sens.

Rac. *bhur*, être ardent, s'agiter ; cf. *sphur*, briller, brûler, être ardent, s'agiter ; gr. πῦρ, et pour le sens, lat. *furor*.

Rac. *bhûš*, s'agiter, s'occuper de, etc. ; cf. zend *fsu* et *fsush*, même sens.

Rac. *bhramç*, *bhram*, aller de travers, errer ; cf. σφάλλω, pour *σφαρσω, — le σ qui précède le φ garantit son caractère primitif. Ici se rattache vraisemblablement *bhreš*, chanceler, etc.

Madhu, chose douce, liqueur, miel ; cf. *mantha*, breuvage dans lequel il entre du miel, sorte de bière ; *manthin*, suc du *soma* ; lat. *must-us*, — pour le vocalisme de ce dernier, cf. le rapport des rac. *mad* et *mud*. Ici se rattache sans doute *medha*, dans le sens de breuvage.

Madhya, qui est au milieu. Les formes gr. μέσφα, μέσφι, et ksl. *mezda*, etc., ramènent en toute certitude à des primitifs indo-européens, *mazdya*, *mastha*, *maspha*.

Rac. *mah*, grandir, se réjouir (cf. la réunion des mêmes acceptions autour de la rac. *vardh*) ; cf. μακρός grand, sk. *makha*, joyeux, μάκαρ, heureux, etc.

Rac. *manh*, donner ; cf. *makšu* (voir *Dict. St-P.* à ce mot), cf. aussi *makhu* dans le sens de sacrifice, auprès de *mayha*, don.

Medhas, *medhâ*, intelligence ; cf. *mant-u*, conseiller, μῆτις intelligence, devin. De même le zend *mazdao*, le sage, ramène sûrement à une rac. *mansth*, qui a donné naissance aussi à μανθάνω.

Rac. *rangh*, *langh*, courir, sauter, *raghu*, *laghu*, rapide ; cf. rac. *rakh*, *rankh*, *lakh*, *lankh*, courir ; all. *rasch*, rapide.

Rac. *rabh*, *rambh*, *labh*, *lambh*, prendre ; cf. *raph*, *ramph*, même sens, gr. ἅρπαξ, lat. *rapio*, zend *rap*, jouir de, etc.

Rac. *ribh*, crier ; cf. *riph*, même sens.

Rac. *ruh*, *rudh*, grandir, devenir fort ; cf. zend *uruth*, n. pers. *rusten*, même sens, gr. ῥωσκ- dans ῥωσκο-μένως.

Rudhira, rouge ; cf. lat. *rutilus*.

Vadhra, vardhra, etc., courroie ; cf. *varatra*, même sens.

Rac. *vardh*, croître ; voir sur *ardh* et *úrdhva* et cf. *prath*, s'étendre, s'accroître.

Rac. *sagh, sah*, pouvoir ; cf. les dérivés *sakša, sakšani*, etc., et zend *hakhsh*.

Sadha, saha, avec ; cf. *sâkam*, même sens.   -

Rac. *skabh, skambh*, supporter ; cf. lat. *scapus*, soutien, support, colonne, *scapulae*, épaules (ce qui porte, supporte). Ici se rattache certainement *skandha*, épaule, avec dentalisme de l'aspirée.

Rac. *stabh, stambh*, être solide, fixe, immobile ; cf. les rac. précédentes, ainsi que στύπος, souche, tronc (ce qui supporte), lat. *stupeo, stupidus*, etc., *stips*, tronc, souche, *stipulus*, solide, *stipare*, rendre ferme, serrer, etc.

Rac. *spardh, sparh, spûrdh*, lutter ; cf. *prî*, combat, *prtanâ*, bataille, etc.

Rac. *hâ*, diminuer, périr ; d'où *hîyate*, être réduit à rien ; cf. *kšîyate*, même sens.

Hrd, cœur ; cf. κῆρ, καρδία , lat. *cor*.

Rac. *hrâd*, faire du bruit ; cf. *krad, krand*, même sens.

Rac. *hvâ*, appeler ; cf. *ku* et *kú*, pousser un cri.

Suffixe *dhve, dhvam*, de la seconde personne du pluriel à la voie moyenne ; cf. les formes correspondantes du duel *the, thâm*, du duel et du pluriel à la voix active, *thas, tha, tam, ta ;* gr. σθε (2ᵉ pers. plur. moyen, cf. τε, à l'actif), σθον (2ᵘ et 3ᵉ pers. du duel, voix moy. ; cf. τον, την, à l'actif) ; lat. *stis* (2ᵉ pers. plur. du parf. actif ; cf. sing. *sti.*) ;

1ʳᵉ pers. du duel actif et moyen *mahi, mahe ;* cf. gr. μεσθα[1].

II

Exemples où le même rapport des aspirées douces du sk. avec des fortes simple ou aspirées n'est que probable.

---

[1] Ce seul exemple suffirait pour infirmer la loi de Grassmann. Pour se rendre compte des embarras qu'elle a créés à ceux qui ont voulu en tenir compte à ce propos, voir Curtius, *Das verbum der griech. Sprache* 1², 92 *seqq.* et 102-107.

Adhvara, sacrifice, *adhvaryu*, sacrificateur ; cf. *atharvan*, prêtre du feu, *atharyu*, épithète du feu, etc. Pour la chute du *v*, cf. *tar*, *tvar ; takś*, *tvakś*, etc. La racine de ces différents mots est probablement une variante de *edh*, *idh*, *indh*, brûler.

Andhas, herbe (voy. Curt. *Grund.*, p. 251). La racine d'après ce savant, signifierait fleurir, briller (cf. ἄνθος) ; dans cette hypothèse, c'est une variante de *edh*, *indh*, brûler, briller (voy. ci-dessus, p. 8).

Ardha, moitié, partie ; cf. rac. *art*, *ard* et *rad*, dont le sens primitif est briser, séparer ; cf. aussi *randhra*, fente, trou.

Ahi, serpent ; cf. r. *ac*, *añc*, se courber (pour la nasale, cf. lat. *anguis*).

ûdhan, mamelle, partie interne, cachée ; cf. ὕστερος, lat. *uterus*, *venter*.

ûrdhva, qui s'élève, élevé ; cf. lat. *arduus*, mais aussi *altus*, qui dans le sens de grand ne saurait être un participe passé.

Thème *r̥gha* (dans *r̥ghávant*, etc.), agité, ardent, etc. ; cf. *rága*, ardeur passion, auprès de la rac. *raj*, briller, brûler, être ardent. *Arka*, soleil, *ráká*, lune, rac. *ruc*, briller, etc., témoignent que *raj* est pour *rac*, *rak*.

r̥bhu, actif, habile, adroit ; cf. *rabhasa*, vif, ardent, actif, fort (voir sur rac. *rabh*, *rambh*.)

Gandharva, être mythique ; cf. κένταυρος.

Rac. *ghas*, manger ; cf. rac. *cas*, même sens (zend *cash*).

Rac. *ghuś*, crier ; probablement apparentée avec *kruç*, crier et *çruś*, entendre (cf. zend *gush*, entendre.)

Rac. *ghrâ*, odorer, sentir. Si, comme c'est infiniment probable, le gr. ὀσφραίνομαι contient la même racine, le *σ* qui précède l'aspirée forte est un sûr garant de son caractère primitif.

Jaghana, train de derrière, *jangha*, cuisse ; cf. rac. *jamh*, s'agiter, variante de *yakś*, même sens (cf. les rac. zendes *jagh*, *jas* et *yas*, aller)[1]. Probablement se rattache aussi à ces racines l'adj. *jighma*, pour *jighama*, qui va de travers, qui va çà et là

Tuhina, nuée, brouillard, neige ; cf. le synonyme *tuśára*, qui ramène pour l'un et l'autre à la rac. *tuç*, couler.

---

[1] Pour le rapport phonétique de ces racines entre elles, voir ma brochure sur *Les origines de la sifflante palatale en sanskrit*.

Rac. *darh*, *drmh*, fixer, rendre solide ; cf. στερρός, στερεός, pour *στερεσος, *στερεσκος[1], sec, dur, solide, στήριγξ, appui ; goth. *gastaurknan*, sec, all. *stark*, fort, solide (voy. Kluge, à ce mot) ; sk. *tarś*, avoir soif (être sec), gr. τέρσομαι, lat. *torreo*, etc. ; cf. aussi zend, *stak*, pour *stark*, être solide et sk. *drâkh*, être sec. Ici se range également la rac. *dharś*, être ferme, fort, hardi, courageux.

Rac. *duh*, couler, faire couler, surtout le lait ; cf. n. pers. *doshîden*, qui ramène à un primitif, *dukś*, même sens (Spiegel, p. 115) et sk. *tuç*, couler.

Rac. *dhan*, *dhanv*, *dhâv*, *dhû*, couler, courir ; cf. *stu*, couler, d'où *stâva*, ce qui coule ; zend *tâ*, s'avancer.

Rac. *dhâ*, teter, *dhi*, se gorger. Le gr. τιτθή, mamelle, ne permet guère d'admettre l'hypothèse d'après laquelle le groupe τθ serait issu de *dh* : de plus, le franç. *teter* et l'italien *tetare*, ramènent à une forme du latin populaire qui indique également que la forte est primitive. Ici paraissent se ratta-cher les rac. sk. *dhrâ* et zend *thrâ*, nourrir.

Rac. *dhâv* blanchir (faire briller) ; cf. lat. *tueor* et voir sur cette famille de mots l'*Annuaire de la Société des Lettres de Lyon*, 1884, fasc. II. Ici se rattachent aussi les rac. *dhi* et *dhyâ* penser.

Rac. *bhaj*, *bhañj*, partager, diviser, couper, briser, etc. ; cf. *sphaṭ*, *paṭ* couper, briser et *sphuṭ*, fendre, se séparer.

Rac. *bhar*, porter, souvent, être enceinte en parlant d'une femme ; cf. sk. *par*, transporter, protéger, etc., lat. *pario*, enfanter (rapporter, produire) ; cf. aussi le sens du sk. *bhartar*, *bhartri* avec le lat. *parens*, le goth. *baira* dans le sens de τίκτω, etc.

Rac. *bhikś*, demander ; cf. lat. *posco*, même sens. Ici se rattachent vrai-semblablement *bhas*, crier, aboyer et *bhâs*, parler[2].

Rac. *bhâ* et *bhân* (dans *bhânu*, etc.), briller ; cf. rac. *pû*, *pun* (dans *punya*, etc.), même sens ; pour le vocalisme, cf. g. φῶς, etc.

Ici se rattache la rac. *bhâs*, briller. Sur son rapport avec *bhân*, voir mon *Étude sur l'ancienne forme des verbes grecs primitifs*, p. 33 ; cf. aussi *spaç*, voir et briller, comme l'indique le sens du part. passé *spaśṭa*.

---

[1] Cf. *Annuaire de la Faculté des Lettres de Lyon*, 1883, fasc. II.
[2] Sur la relation des rac. signifiant crier, demander, parler, voir *Annuaire de la Faculté des Lettres de Lyon*, 1884, fasc. III.

Rac. *bhuj*, courber, se courber ; cf. *pâj*, rendre hommage (saluer), rac. *puṭ*, embrasser, envelopper, former le cercle, *puccha*, queue.

Rac. *bhuj*, se nourrir de, profiter, jouir ; cf. *puś*, jouir et faire jouir, favoriser, accroître, nourrir, etc.

Rac. *bhû*, être, se développer. En rapprocher à la fois rac. *sphây* (part. passé *sphita*), s'accroître, gr. φίτυς, lat. *fio*.

Rac. *muh*, être troublé, être privé de sens ou d'intelligence ; cf. *mûkha*, muet, cf. aussi rac. *mûrch*, qui possède en commun avec *muh* le sens de être privé d'intelligence ou de sentiment, et *mûrkha*, idiot. Ici se rattache sans doute avec dentalisme, le lat. *mûtus*.

Mṛdh, ennemi, *mṛdha*, combat ; cf. rac. *mard*, broyer, briser, mais aussi et surtout le thème lat. *mort-* (dans *mortis*), la chose qui brise, broie, détruit.

Yahva, qui s'avance, s'agite, s'accroît ; cf. rac. *yakś*, s'agiter.

Rac. *radh*, *randh*, soumettre, se soumettre, *râdh*, entrer en possession de, obtenir ; cf. *artha*, objet, but, et voir ci-dessus à la rac. *ardh*.

Rac. *rah*, cacher ; cf. *rakś*, dans le sens de conserver, mettre de côté, dérivé de l'acception générale de garder.

Rac. *rih*, *lih*, lécher. L'idée primitive paraît être celle de frotter, glisser ; cf. alors *rikh*, *likh*, frotter, racler et γλίσχρος, visqueux, glissant.

Rac. *lubh*, dans le sens de prendre, vouloir prendre ; cf. *lup*, zend et sk., dans le sens de prendre.

Vidhu, la lune ; cf. lat. *vit-rum*, zend *vith*, connaître ; sens primitif commun, briller.

Rac. *vyadh*, blesser, percer voir sur *bandh*, *bâdh* et cf. rac. *vyath* et le dérivé *vyathâ* dans le sens de mal, peine, douleur.

Rac. *çubh*, *çumbh*, briller (primitivement brûler), être agité, ardent, rapide, etc. Voir ci-dessus à la rac. *kśubh* ; cf. aussi lat. *cupio*, *cupidus*. Ici se rattache sans doute *çibham*, rapidement.

Rac. *hi*, mettre en mouvement ; cf. lat. *cieo*, *scio*, dans *adscio*.

Rac. *hras*, diminuer, d'où *hrasva*, petit ; cf. *karç*, maigrir [1].

Suffixe *bhis*, de l'instr. pluriel, *bhyas*, du dat. abl. puriel, *bhyâm*, inst.

---

[1] Voir sur ces mots *Les origines de la sifflante palatale en sanskrit*.

dat. abl. du duel ; cf. σφι, σφιν dans ὄχεσφιν, (*Il.* χ, 22) etc. (Voir pour les raisons qu'il y a de considérer en pareils cas le groupe σφ comme appartenant au thème, *Annales du Musée Guimet*, t. VII, p. 491, *seqq.*)

III

Principaux cas où le rapport des aspirées douces avec des fortes aspirées ou non semble faire défaut.

Rac. *ah*, dire.

Pron. *aham*, je.

Ibha, famille, éléphant.

Rac. *edh*, réussir ; cf. pourtant, rac. *ardh*, même sens.

Rac. *krudh*, être en colère.

Rac. *kṣudh*, avoir faim.

Gandha, odeur.

Rac. *garh*, gronder, reprocher.

Jihva, langue.

Rac. *tarh* briser ; cf. pourtant τιτρώσκω.

Dabhra, petit.

Rac. *dih*, frotter, enduire.

Dhanu, dhanus, arc.

Rac. *dhukṣ*, allumer.

Rac. *nabh*, briser.

Nabhas, nuage ; cf. νεφέλη.

Nâbhi, nombril ; cf. ὀμφαλός.

Bâhu, bras ; cf. πῆχυς.

Rac. *barh*, arracher.

Bhadra, ami ; cf. p.-ê. φαιδρός.

Rac. *bharts*, faire des reproches.

Rac. *bhî*, craindre ; cf. φέβομαι.

Rac. *bhrajj; bhrâj*, brûler, briller, griller ; cf. ϕλέγω et sk. *sphulinga.*

Bhrû, sourcils ; cf. ὀϕρύς.

Rac. *mih*, uriner ; cf. ὀμιχέω.

Mûrdhan, tête.

Rac. *yabh, futuere.*

Rac. *yudh*, combattre.

Rac. *rudh*, mettre obstacle.

Rac. *vidh*, honorer les dieux, manquer de.

Rac. *çardh, pedere.*

Çighra, rapide.

Rac. *çudh, çundh*, faire briller, blanchir ; cf. pourtant *çubh, çumbh.*

Rac. *çlâgh*, vanter, se vanter.

Sahasra, mille.

Sâdh, sidh, atteindre, réussir.

Simha, lion.

Sindhu, rivière, l'Indus ; *sîdhu*, liquide enivrant.

Rac. *subh*, étouffer.

Rac. *stubh*, chanter, crier.

Rac. *snih*, neiger ; cf. νείϕει.

Svadhâ, mœurs ; cf. ἦθος.

Hamsa, cf. χήν.

Hanu, mâchoire.

Rac. *har*, porter, se fâcher.

Rac. *hary, harî*, se réjouir ; cf. χαίρω.

Hari, harit, vert; cf. χόλος.

Hala, charme.

Rac. *has*, rire.

Hasta, main.

Rac. *hâ*, sauter.

Rac. *hid*, faire du bruit.

Hima, neige ; cf. χεῖμα.

Hiranya, or.

Rac. *hîd*, être irrité.

Rac. *hu*, verser ; cf. χέω.

Heman, or.

Rac. *hreś*, *heś*, hennir.

Rac. *hnu*, écarter.

Hyas, hier ; cf. χθές.

Rac. *hrî*, avoir honte.

Rac. *hlâd*, se rafraîchir, d'où *hrada*, lac.

Il convient de remarquer que, si les listes qui précèdent cette dernière suffisent à la démonstration annoncée, il faut y ajouter, en les retranchant de celle-ci, tous les exemples où une aspirée grecque répond à l'aspirée douce du sanskrit, comme ὀφρύς = *bhrû*[1].

En tout cas, notre avis est qu'on peut conclure sans la moindre hésitation des rapprochements qui viennent d'être faits :

1° Qu'au moins la plupart des aspirées douces du sanskrit dérivent des aspirées fortes correspondantes ;

Et, 2°, comme conséquence, que les aspirées grecques, loin d'être des aspirées douces transformées en fortes, à l'inverse de toutes les lois phonétiques, ont été fortes de tout temps.

Je terminerai par l'examen de trois objections, — les seules, à ce qu'il me semble, qui pourraient m'être faites[2].

1° Pourquoi le grec n'a-t-il que des aspirées fortes et n'a-t-il pas développé ou conservé des aspirées douces comme le sanskrit ?

Le fait étant commun au grec, au latin, au gothique et au celte, il y a lieu d'en conclure que la différence de prononciation était si légère entre l'aspirée douce et la simple correspondante qu'on n'en a tenu compte qu'en

---

[1] Même observation en ce qui concerne les aspirées douces du sk. correspondant à des fortes simples ou aspirées des dialectes germaniques comme *aham* auprès de *ich*, *ik*, etc.; les modifications qui se sont faites dans ces dialectes en vertu de la loi de Grimm ayant dù toujours se produire en partant des fortes. — Pour les noms d'animaux formés avec le suffixe *bha*, comme *vṛśabha*, etc., cf. ἔριφος, ἔλαφος, ἐλέφας, etc.

[2] Je ne considérerais pas comme une critique sérieuse celle qui consisterait à dire que le lat. *rutilus* est pour *rudilus*, soit à cause de la concordance de *rudhira* avec ἐρυθρός (pétition de principe), soit parce que *rudhira* serait une forme proethnique, ce que rien ne prouve (tout ce qu'on peut admettre, c'est la coexistence dès l'époque d'unité des deux variantes *ruthira et rudhira*). L'unité a-t-elle du reste jamais été autre que géographique ? et peut-on supposer que les différents idiomes indo-européens ne dérivent pas de dialectes déjà constitués dans la langue mère ?

sanskrit, où l'on sait avec quel soin minutieux les anciens grammairiens ont noté les moindres nuances phonétiques.

On en a une nouvelle preuve, du reste, en voyant que le zend, pourtant si voisin du sanskrit, a conservé à peine la trace des aspirées douces, tandis que les fortes s'y sont maintenues presque aussi nombreuses qu'en sanskrit.

Il faut remarquer aussi qu'en grec les aspirées se sont adoucies en réalité sans que le signe graphique ait changé.

Seconde objection. — L'hypothèse d'un antécédent *khvar*, par exemple, pour des racines qui sont devenues *ghur*, *hvar*, *hval*, *hru*, et probablement aussi *dhvar*, est contraire au principe de phonétique d'après lequel un même son placé dans des conditions identiques ne saurait donner dans un même dialecte deux produits différents.

Je reconnais la justesse de ce principe à condition, toutefois, qu'il soit bien convenu que la *différence des temps change les circonstances*. Or, sous cette réserve nécessaire [1], toute difficulté disparaît, car il est toujours permis de supposer que les variantes de *khvar* ne sont pas contemporaines entre elles.

La troisième objection, et la plus spécieuse, s'appuie sur la coïncidence assez fréquente des douces dans différents idiomes de la famille avec les aspirées fortes du grec et du latin *(f)*. L'exemple le plus caractéristique en ce sens (en dépit du gr. βάρος, inséparable du sk. *bhádras)* est la rac. *bhar* du sk. représentée en général par *bar* en gothique et *ber* dans les idiomes slaves et celtiques. Mais, d'une part, à l'époque d'où datent les plus anciens monuments de ces langues, il y avait longtemps que le φ et le *f* de φέρω, *fero* étaient virtuellement adoucis. A supposer que le gothique, le slave et le celte aient suivi le même mouvement (ce qui *a priori* est extrêmement vraisemblable) on est autorisé à restituer pour ces langues une ancienne forme *pher* de la même racine, le sanskrit et le zend n'infirmant pas d'ailleurs cette hypothèse, si l'on admet que les dialectes remontent à la langue mère, ou seulement que les deux variantes *phar* et *bhar* ont pu coexister.

---

1. En ne l'accordant pas, on prend à sa charge cette conséquence, évidemment absurde, que les racines d'une langue sont irréductibles entre elles, que de tout temps, par exemple, le sanskrit a possédé celles qu'ont enregistrées les grammairiens ; ou, en d'autres termes, que l'altération phonétique n'a jamais enrichi le langage, comme s'il était possible d'assigner une autre cause à ses premiers développements.

En second lieu, le dépouillement des mots d'origine indo-européenne pouvant se rapporter à la rac. *bhar* du sk. n'a été fait qu'avec l'idée préconçue qu'ils devaient avoir *b* (ou φ, *f*) pour initiale, de sorte que, par exemple, le latin *pario, porto,* etc., ont été écartés de prime abord (comme *carpo* et κλέπτω ont été séparés *a priori* de la rac. *grabh* du sk., etc., etc.); bref, on est entré de plain-pied à ce propos dans un cercle vicieux dont il est impossible de sortir désormais sans remonter aux vrais principes, c'est à-dire à celui de la constante mobilité des sons, suivant une certaine pente, aux temps antérieurs à la fixation grammaticale du langage.

Si l'on rapproche du fait de la suspension de la loi de Grimm devant toute consonne précédée d'une sifflante, la parenté de l'all. *dürr* avec στερεός, — *dünn* avec στενός, — *brennen* avec lat. *splendeo,* — *graben* avec lat. *scalpo* (cf. γράφω), — *hell* avec le goth. *skeir,* — *hund* avec le sk. *çvan* pour **skvan,* en ajoutant, si l'on considère *f* comme une douce, *feuer* auprès du sk. *sphur,* — *fallen,* auprès de σφάλλω, — *fragen* auprès de *sprechen,* etc.[1], — on sera convaincu que les changements amenés par la loi en question n'ont eu lieu que pour les fortes (simples ou aspirées) changées en douces, et postérieurement à la chute d'un *s* qui précédait à l'origine toutes les fortes non encore transformées.

Quant au zend, le rapprochement de *zem* (terre) avec le sk. *kšâm* et le gr. χθών d'un primitif **skhâm* montre parfaitement le processus qui a fait passer successivement le groupe *skh* en *khš ghz,* *z,* et indique, mieux que ne pourraient le faire tous les raisonnements, qu'à l'époque de l'unité, ou de la cohésion indo-iranienne, les aspirées fortes n'étaient pas encore adoucies.

[1] En partant du gothique, on peut citer : *bairhta,* auprès de l'anglais *spark* et du sk. *sphulinga; draiban* auprès de l'all. *streben; dragan* auprès de *stark; gilda* auprès de *skulda; hairu* auprès de *schere; halta* auprès du sk. *skhal* (cf. lat. *claudus); fléhan* auprès de *sprechen,* etc. En d'autres termes, la loi de Grimm ainsi expliquée fournit la preuve, à laquelle concourent d'ailleurs l'étude ci-dessus et celle du tome VII des *Annales* sur le changement proethnique de *t* ou *th* en *d* ou *dh,* que toutes les consonnes douces appartenant aux trois ordres des gutturales, des dentales et des labiales, représentent, de même que *l* et toutes les palatales, DES SONS RELATIVEMENT RÉCENTS. J'en vois du reste une preuve dans l'absence des aspirées douces en grec. Quand les fortes s'y sont adoucies, les organes n'avaient plus d'aptitude pour l'aspiration, car cette aptitude s'est perdue de bonne heure comme le montre le latin.